Impressum
Verlag: BABADADA GmbH, Nedderfeld 112 , 22529 Hamburg
Geschäftsführer / Verlagsleitung: Harald Hof
Druck: Books on Demand GmbH, In de Tarpen 42, 22848 Norderstedt

Imprint
Publisher: BABADADA GmbH, Nedderfeld 112 , 22529 Hamburg, Germany
Managing Director / Publishing direction: Harald Hof
Print: Books on Demand GmbH, In de Tarpen 42, 22848 Norderstedt

школа

shule

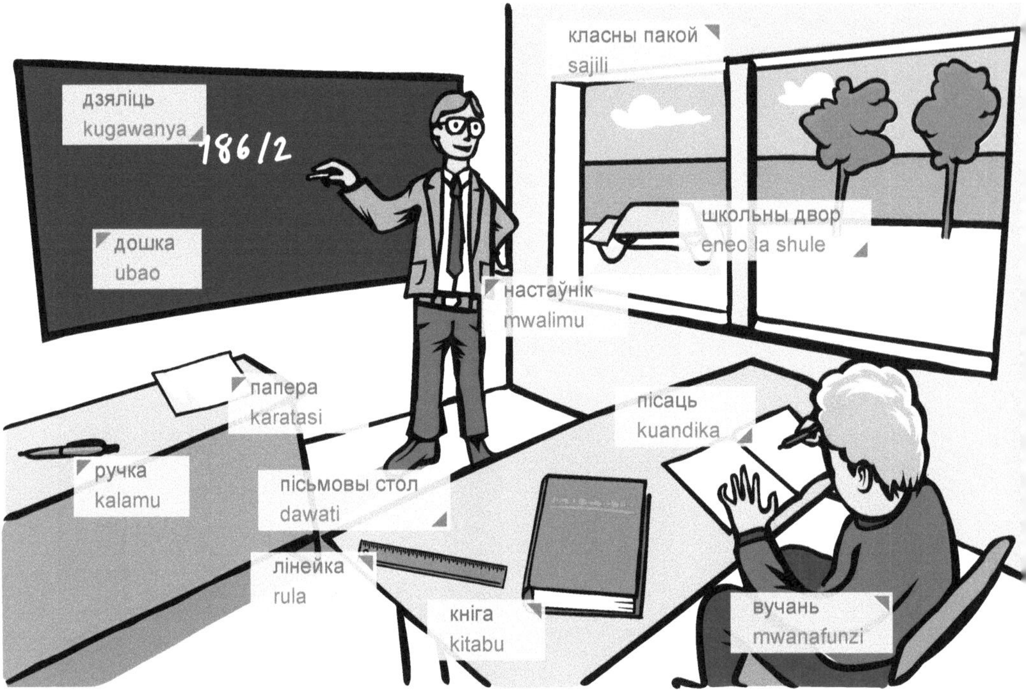
класны пакой
sajili
дзяліць
kugawanya
186/2
школьны двор
eneo la shule
дошка
ubao
настаўнік
mwalimu
папера
karatasi
пісаць
kuandika
ручка
kalamu
пісьмовы стол
dawati
лінейка
rula
кніга
kitabu
вучань
mwanafunzi

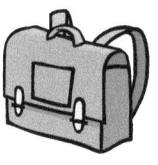

ранец

mkoba

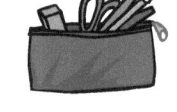

пенал

kikasha cha penseli

просты аловак

penseli

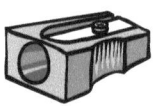

тачылка для алоўкаў

kichonga penseli

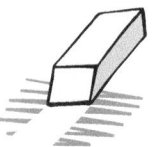

гумка

mpira

альбом для малявання

pedi ya kuchora

малюнак

uchoraji

пэндзлік

brashi ya rangi

фарбы

sanduku la rangi

нажніцы

mkasi

клей

gundi

сшытак

daftari

хатняе заданне

kazi ya nyumbani

лік

nambari

дадаваць

jumlisha

адымаць

ondoa

множыць

zidisha

лічыць

kokotoa

літара

barua

алфавіт

alfabeti

слова

neno

тэкст

maandishi

чытаць

kusoma

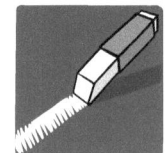

крэйда

chaki

ўрок

somo

класны журнал

sajili

экзамен

uchunguzi

атэстат

cheti

школьная форма

sare za shule

адукацыя

elimu

энцыклапедыя

elezo

універсітэт

chuo kikuu

мікраскоп

darubini

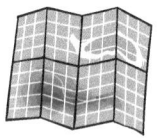

карта

ramani

смеццевы кошык

kikapu cha kuweka karatasi chafu

падарожжа
usafiri

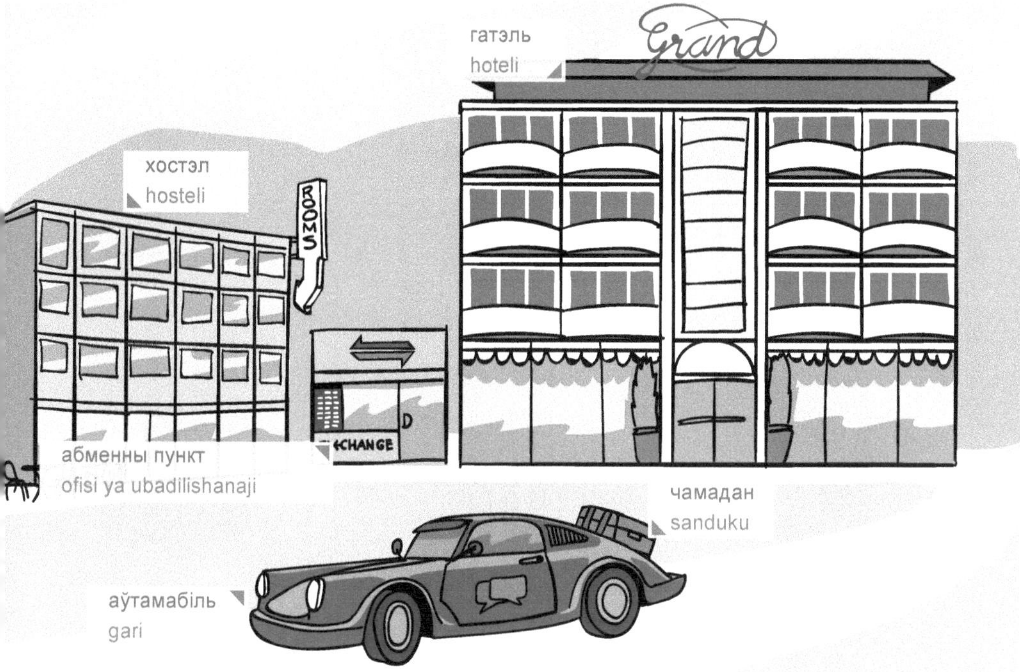
гатэль
hoteli
Grand
хостэл
hosteli
ROOMS
EXCHANGE
абменны пункт
ofisi ya ubadilishanaji
чамадан
sanduku
аўтамабіль
gari

мова

lugha

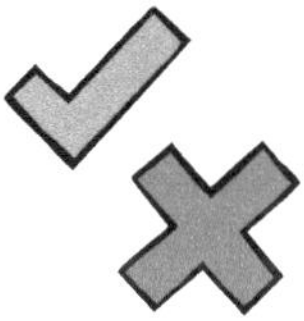

так / не

ndiyo / la

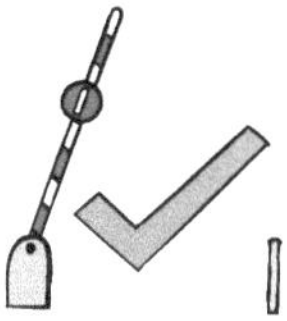

добра

sawa

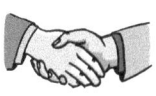

прывітанне!

hujambo

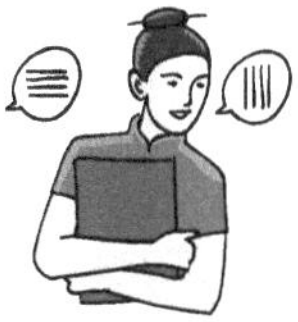

перакладчык

mtafsiri

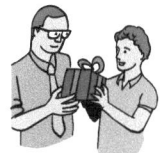

дзякуй

Asante

Колькі каштуе....?

kiasi gani ni ...?

я не разумею

Sielewi

праблема

tatizo

Добры вечар!

Jioni njema!

Добрай раніцы!

Habari za asubuhi!

Дабранач!

Usiku mwema!

да пабачэння

kwa heri

кірунак

mwelekeo

багаж

mizigo

сумка

mfuko

заплечнік

shanta

госць

mgeni

пакой

chumba

спальны мяшок

begi la kulalia

палатка

hema

нфармацыя для турыстаў

taarifa ya utalii

пляж

ufuo

крэдытная картка

kadi

снеданне

kifunguakinywa

абед

chakula cha mchana

вячэра

chakula cha jioni

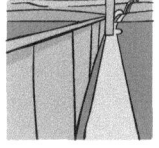

праязны білет

tiketi

ліфт

kuinua

паштовая марка

muhuri

мяжа

mpaka

мытня

mila

пасольства

ubalozi

віза

visa

пашпарт

pasipoti

транспарт
usafiri

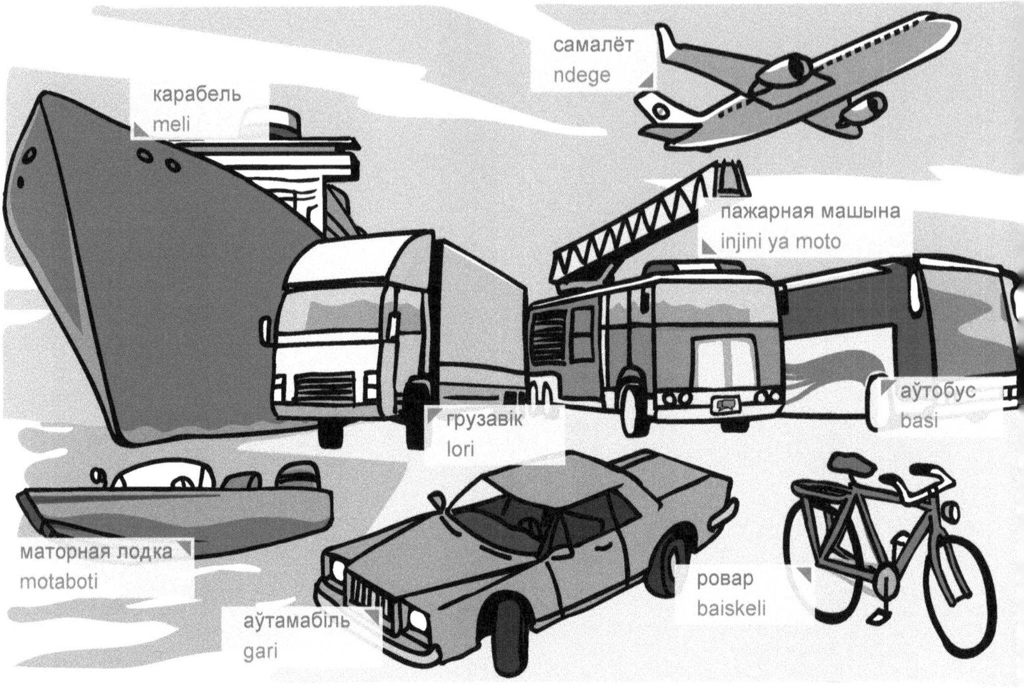

самалёт
ndege
карабель
meli
пажарная машына
injini ya moto
аўтобус
basi
грузавік
lori
маторная лодка
motaboti
ровар
baiskeli
аўтамабіль
gari

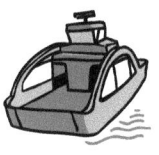

паром

feri

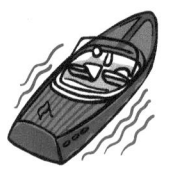

лодка

mashua

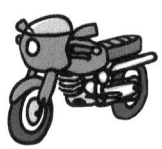

матацыкл

pikipiki

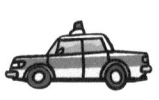

паліцэйская машына

gari la polisi

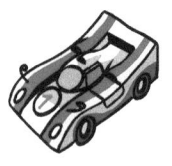

гоначны аўтамабіль

gari la mashindano

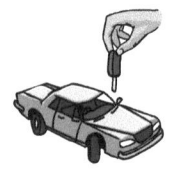

арэндаваны аўтамабіль

gari la kukodisha

сумеснае карыстанне
аўтамабілем

kushiriki gari

эвакуатар

lori la kuvuta

смеццявоз

ukusanyaji taka

матор

motor

паліва

mafuta

запраўка

kituo cha mafuta

дарожны знак

ishara trafiki

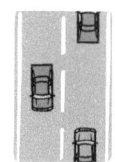

дарожны рух

trafiki

затор

msongamano

паркоўка

maegesho

чыгуначная станцыя

kituo cha treni

рэйкі

reli

цягнік

garimoshi

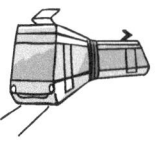

трамвай

tremu

вагон

gari la mizigo

верталёт

helikopta

аэрапорт

uwanja wa ndege

вежа

mnara

пасажыр

abiria

кантэйнер

chombo

кардонная скрыня

katoni

тачка

mkokoteni

карзіна

kikapu

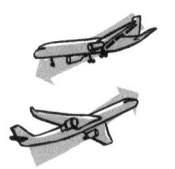

ўзлятаць / прызямляцца

ondoka

горад

jiji

вёска

kijiji

цэнтр горада

katikati ya jiji

дом

nyumba

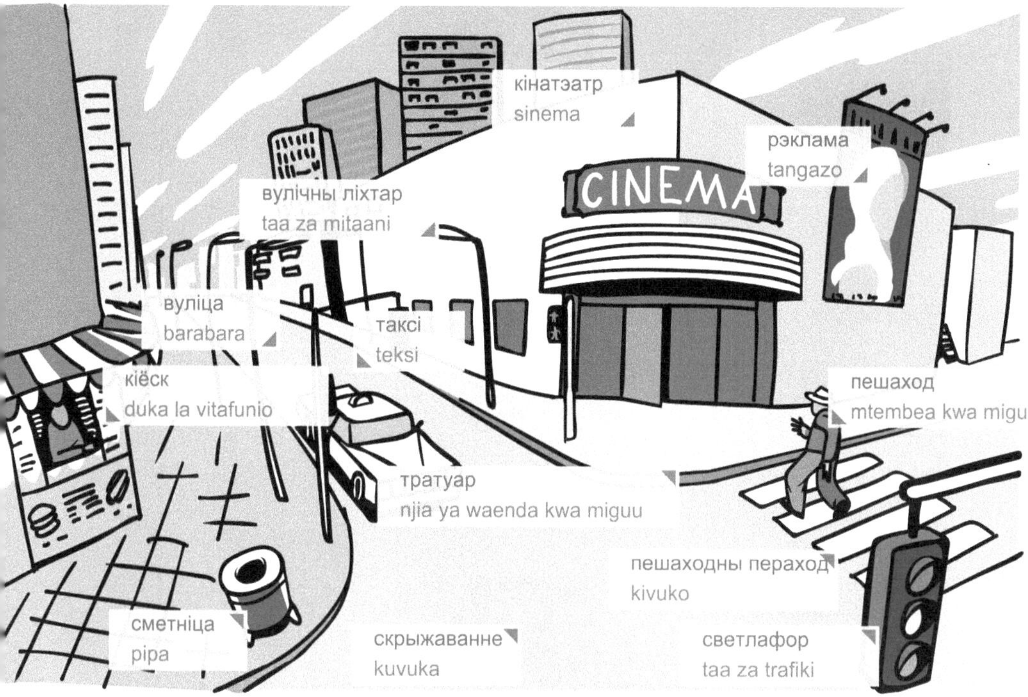

кінатэатр
sinema
рэклама
tangazo
CINEMA
вулічны ліхтар
taa za mitaani
вуліца
barabara
таксі
teksi
кіёск
duka la vitafunio
пешаход
mtembea kwa migu
тратуар
njia ya waenda kwa miguu
пешаходны пераход
kivuko
сметніца
pipa
скрыжаванне
kuvuka
светлафор
taa za trafiki

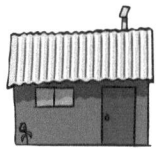

халупа

kibanda

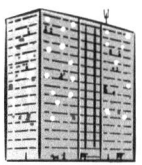

кватэра

gorofa

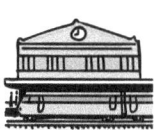

чыгуначная станцыя

kituo cha treni

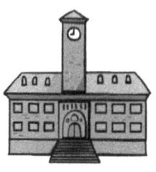

ратуша

ukumbi wa mji

MUSEUM

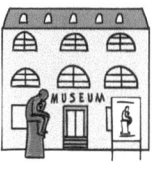

музей

Makavazi

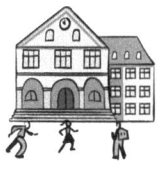

школа

shule

універсітэт

chuo kikuu

банк

benki

шпіталь

hospitali

гатэль

hoteli

аптэка

duka la dawa

офіс

ofisi

кнігарня

duka la kitabu

крама

duka

кветкавая крама

duka la maua

супермаркет

dukakuu

кірмаш

soko

універмаг

idara ya kuhifadhi

рыбная крама

mwuza samaki

гандлевы цэнтр

kituo cha ununuzi

порт

bandari

парк

Hifadhi

лава

benki

мост

daraja

лесвіца

vidato

метро

chini ya ardhi

тунэль

handaki

прыпынак

kituo cha mabasi

бар

bar

рэстаран

mgahawa

паштовая скрыня

sanduku la posta

вулічны паказальнік

ishara ya barabara

паркамат

mita ya maegesho

заапарк

bustani ya wanyama

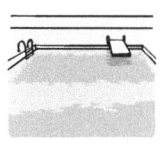

басейн

kidimbwi cha kuogelea

мячэць

msikiti

сядзіба

shamba

забруджванне
навакольнага асяроддзя

uchafuzi

могілкі

makaburini

царква

kanisa

пляцоўка для гульні

uwanja wa michezo

храм

hekalu

краявід
mazingira

ліст
jani

паказальнік
ishara ya mwelekeo

дарога
njia

луг
malisho

камень
jiwe

дрэва
mti

падарожнік
mtembeaji wa masafa

рака
mto

трава
nyasi

кветка
ua

даліна

bonde

гара

kilima

возера

ziwa

лес

msitu

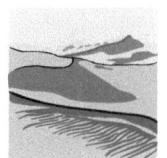

пустыня

jangwa

вулкан

volkano

замак

ngome

вясёлка

upinde wa mvua

грыб

uyoga

пальма

mtende

камар

mbu

муха

kuruka

мурашка

chungu

пчала

nyuki

павук

buibui

жук

mende

жаба

chura

вавёрка

kuchakuro

вожык

nungunungu

заяц

sungura

сава

bundi

птушка

ndege

лебедзь

swan

дзік

nguruwe mwitu

алень

kulungu

лось

aina ya kongoni

плаціна

bwawa

вятрак

tabo ya upepo

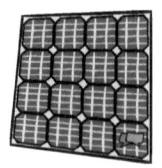

сонечная батарэя

nishaji ya jua

клімат

hali ya hewa

рэстаран
mgahawa

афіцыянт
mhudumu
меню
menyu
крэсла
kiti
суп
supu
піца
piza
абрус
kitambaa cha mezani
сталовыя прыборы
vilia

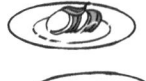

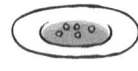

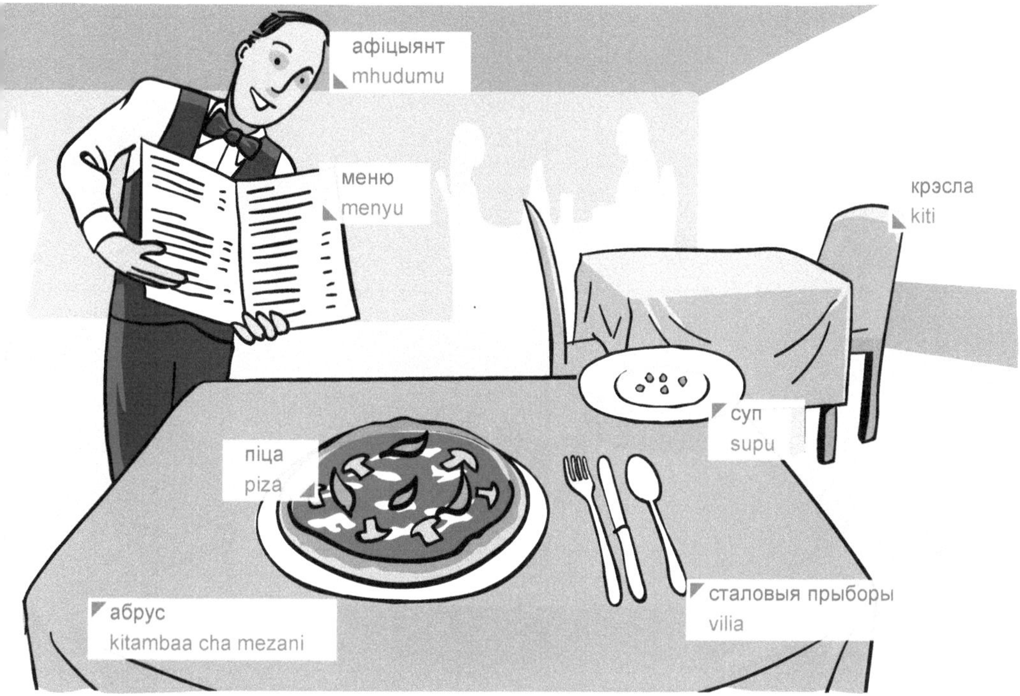

закуска

kiamsha hamu

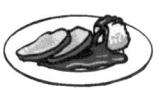

другая страва

kozi kuu

дэсерт

kitindamlo

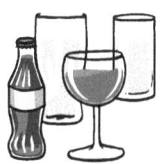

напоі

vinywaji

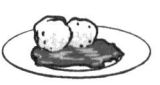

ежа

chakula

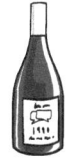

бутэлька

chupa

хуткае харчаванне (фаст-фуд)

chakula cha haraka

стрыт-фуд

Streetfood

імбрык (чайнік)

buli

цукарніца

kisanduku cha sukari

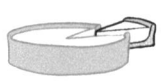

порцыя

sehemu

эспрэса-машына

mashine ya espresso

дзіцячае крэселка

kiti kirefu

рахунак

muswada

паднос

trei

нож

kisu

відэлец

uma

лыжка

kijiko

чайная лыжка

kijiko cha chai

сурвэтка

nepi

шклянка

glasi

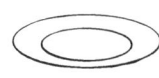

талерка

sahani

супавая талерка

sahani ya supu

сподак

sufuria

соус

mchuzi

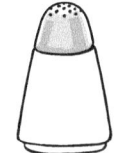

сальніца

kichanyaji chumvi

млынок для перцу

kinu cha pilipili

воцат

siki

алей

mafuta

спецыі

viungo

кетчуп

kechapu

гарчыца

haradali

маянэз

kachumbari nzito

супермаркет
dukakuu

акцыя
ofa maalum
FOR
пакупнік
mteja
малочныя прадукты
maziwa
садавіна
matunda
вазок
toroli

BUTCHERS

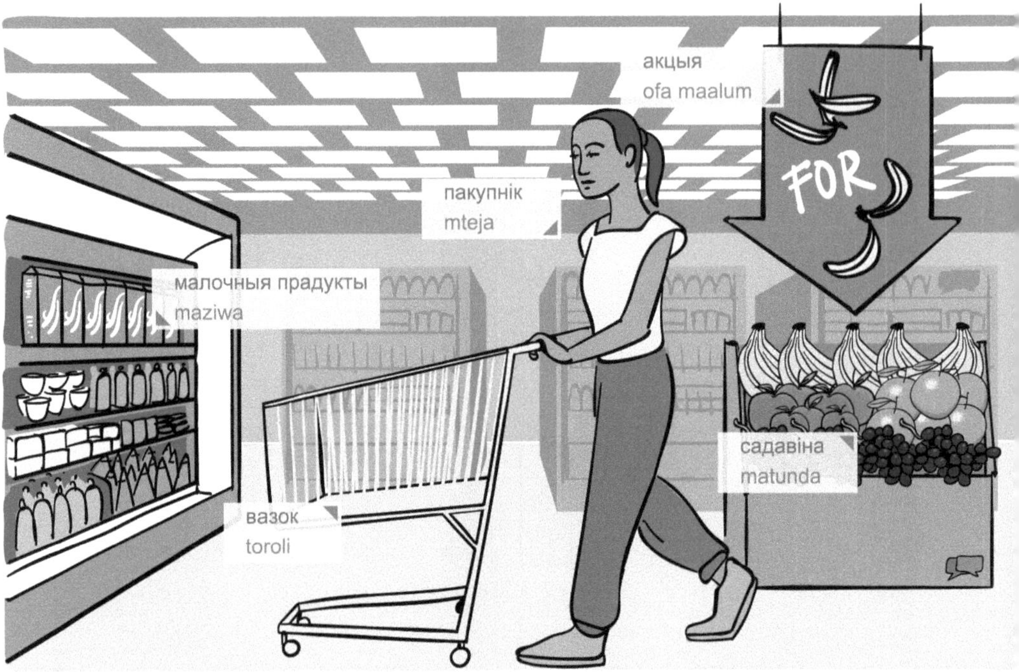

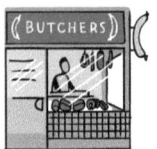

мясная крама

mchinjaji

BAKERY

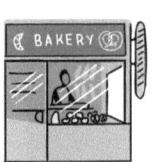

хлебны магазін

mwokaji

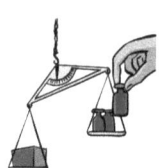

важыць

uzito

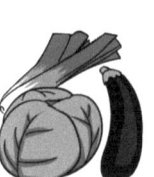

гародніна

mboga

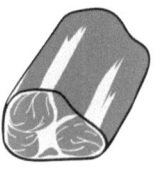

мяса

nyama

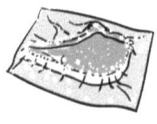

свежазамарожаныя прадукты

chakula waliohifadhiwa

нарэзка

vipande vya nyama baridi

кансервы

chakula cha kopo

пральны парашок

sabuni ya unga

прысмакі

pipi

хатнія прылады

bidhaa za kaya

чысцячы сродак

bidhaa za kusafisha

прадавец

mtu mauzo

каса

mpaka

касір

keshia

спіс пакупак

orodha ya manunuzi

гадзіны працы

masaa ya ufunguzi

бумажнік

mkoba

крэдытная картка

kadi

сумка

mfuko

пакет

mfuko wa plastiki

вада

maji

сок

sharubati

малако

maziwa

кола

coke

віно

mvinyo

піва

bia

алкаголь

pombe

какава

kakao

гарбата (чай)

chai

кава

kahawa

эспрэса

spreso

капучына

kapuchino

банан

ndizi

яблык

tufaha

апельсін

machungwa

дыня

tikiti

лімон

lemon

морква

karoti

часнок

kitunguu saumu

бамбук

mianzi

цыбуля

kitunguu

грыб

uyoga

арэхі

karanga

локшына

nudo

спагеці

spageti

рыс

mpunga

салата

saladi

бульба фры

vibanzi

смажаная бульба

viazi vya kukaanga

піца

piza

гамбургер

hambaga

бутэрброд

sandwichi

шніцаль

kipande

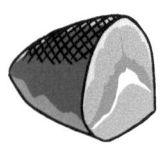

вяндліна

paja la mnyama

салямі

salami

каўбаса

soseji

курыца

kuku

смажаніна

choma

рыбак

samaki

аўсяныя камякі

oats ya uji

мюслі

muesli

кукурузныя шматкі

cornflakes

мука

unga

круасан

kroisanti

булачка

andazi

хлеб

mkate

тост

mkate wa kubanika

пячэнне

biskuti

масла

siagi

тварог

maziwa mgando

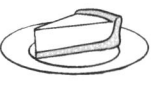

пірог

keki

яйка

yai

яечня

yai kukaanga

сыр

jibini

ежа - chakula

марожанае

aiskrimu

цукар

sukari

мёд

asali

варэнне

jemu

нуга

kuenea kwa chokoleti

кары

mchuzi wa viungo

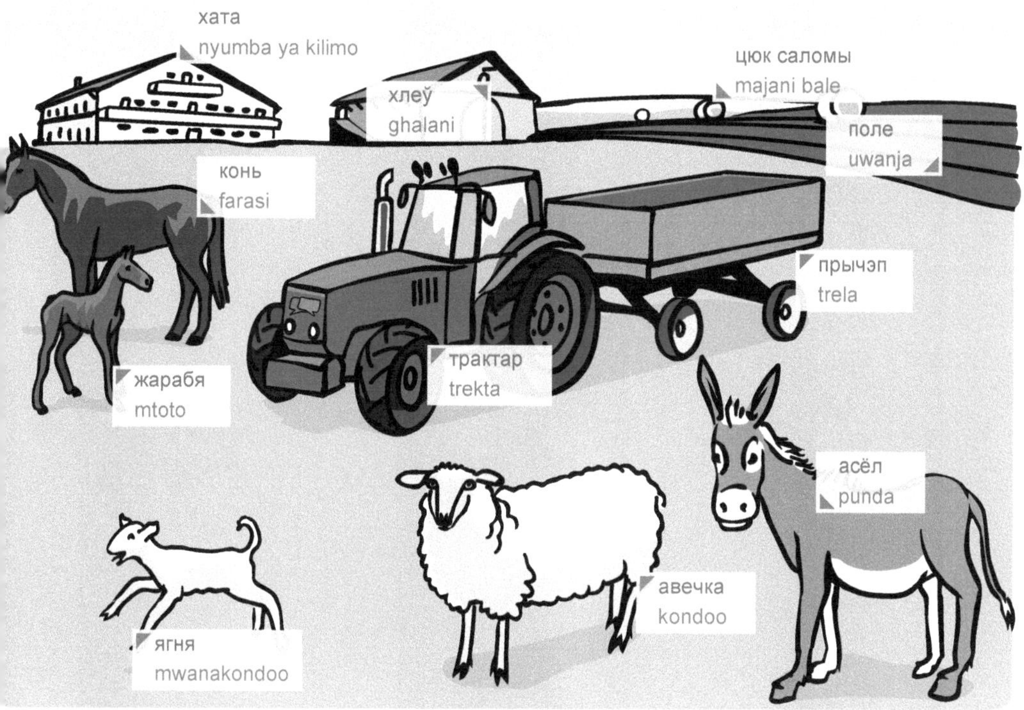

хата
nyumba ya kilimo

хлеў
ghalani

цюк саломы
majani bale

поле
uwanja

конь
farasi

прычэп
trela

жарабя
mtoto

трактар
trekta

асёл
punda

авечка
kondoo

ягня
mwanakondoo

каза
mbuzi

карова
ng'ombe

цяля
ndama

свіння
nguruwe

парася
mwananguruwe

бык
fahali

гусак

batabukini

качка

bata

кураня

kifaranga

курыца

kuku

певень

jogoo

пацук

panya

кот

paka

мыш

panya

вол

ng'ombe

сабака

mbwa

сабачая будка

nyumba ya mbwa

садовы шланг

bomba la bustani

палівачка

debe la kumwagilia maji

каса

fyekeo

плуг

kulima

серп
mundu

матыка
jembe

вілы для гною
uma wa nyasi

сякера
shoka

тачка
toroli

карыта
kupitia nyimbo

бітон для малака
chombo cha maziwa

мех
gunia

плот
ua

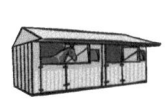

хлеў
imara

цяпліца
chafu

глеба
udongo

насенне
mbegu

угнаенне
mbolea

камбайн
kivunaji

збіраць ураджай

mavuno

ураджай

mavuno

ямс

viazi vikuu

пшаніца

ngano

соя

soya

бульба

viazi

кукуруза

mahindi

рапс

rapa

садовае дрэва

mti wa matunda

маніёк

muhogo

збожжа

nafaka

дом
nyumba

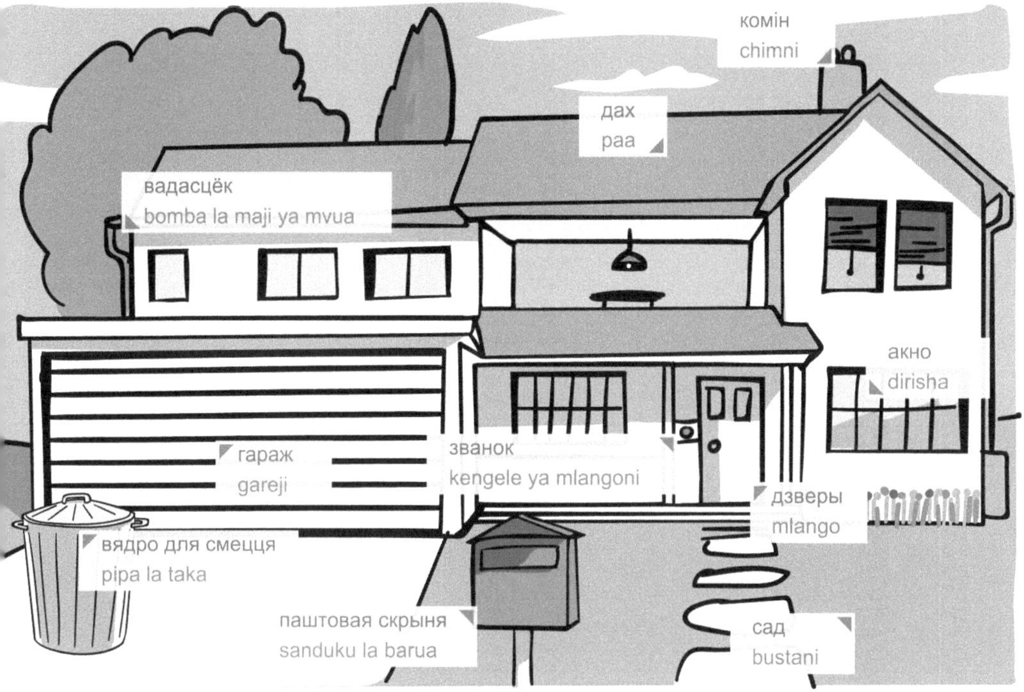
комін
chimni
дах
paa
вадасцёк
bomba la maji ya mvua
акно
dirisha
гараж
gareji
званок
kengele ya mlangoni
дзверы
mlango
вядро для смецця
pipa la taka
паштовая скрыня
sanduku la barua
сад
bustani

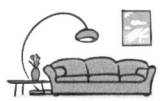

жылы пакой

sebuleni

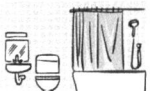

ванная

bafu

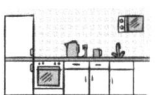

кухня

jikoni

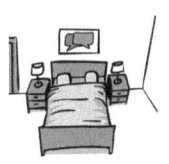

спальны пакой

chumba cha kulala

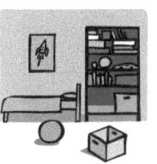

дзіцячы пакой

chumba ya mtoto

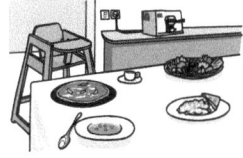

сталоўка

chumba cha kulia

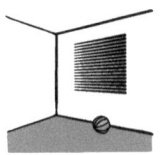

падлога

sakafu

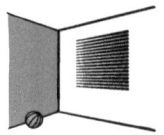

сцяна

ukuta

столь

dari

падвал

pishi

саўна

sauna

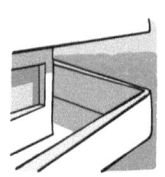

балкон

roshani

тэраса

mtaro

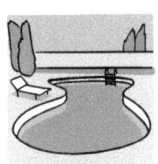

басейн

kidimbwi

касілка

mashine ya kukata nyasi

падкоўдранік

karatasi

коўдра

kitambaa cha kupamba kitanda

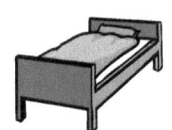

ложак

kitanda

венік

ufagio

вядро

ndoo

выключальнік

kubadili

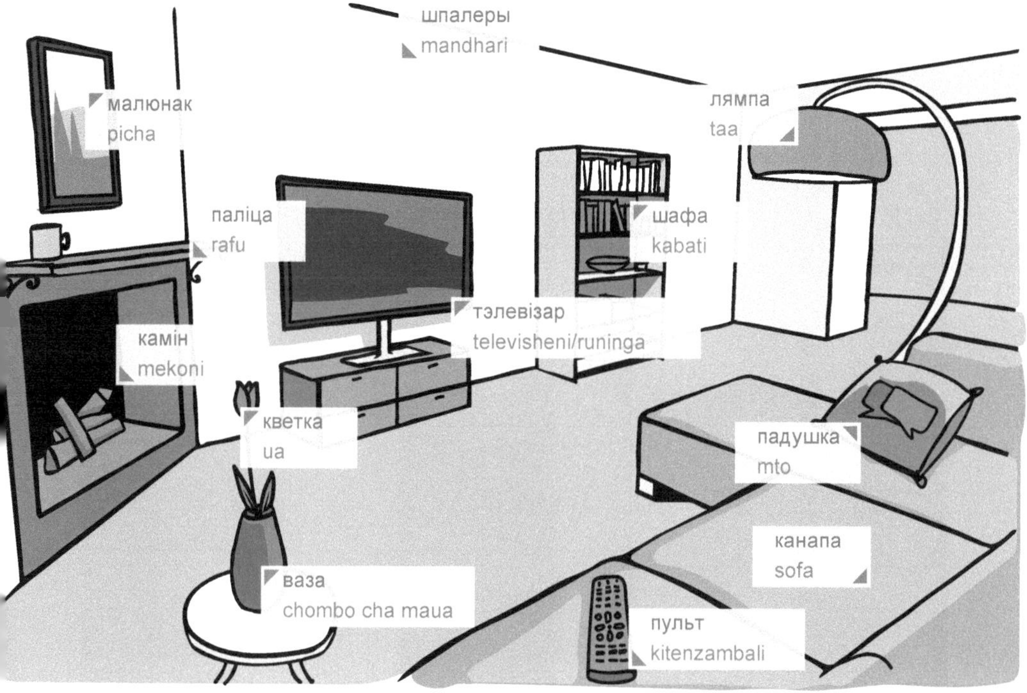

шпалеры
mandhari

малюнак
picha

лямпа
taa

паліца
rafu

шафа
kabati

камін
mekoni

тэлевізар
televisheni/runinga

кветка
ua

падушка
mto

канапа
sofa

ваза
chombo cha maua

пульт
kitenzambali

дыван
zulia

фіранка
pazia

стол
meza

крэсла
kiti

крэсла-качалка
kiti cha bembea

крэсла
armchair

кніга

kitabu

коўдра

blanketi

дэкарацыя

mapambo

дровы

kuni

кіно

filamu

стэрэасістэма

kifaa cha hi-fi

ключ

ufunguo

газета

gazeti

карціна

uchoraji

постар

bango

радыё

redio

нататнік

daftari

пыласос

kifyonza

кактус

dungusi kakati

свечка

mshumaa

кухня
jikoni

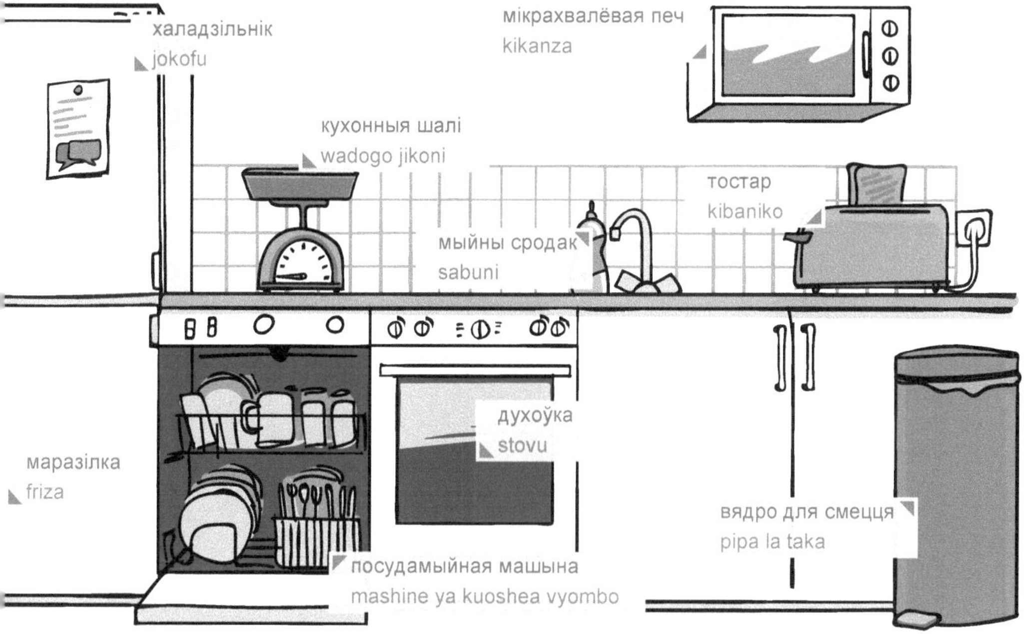
халадзільнік
jokofu
мікрахвалёвая печ
kikanza
кухонныя шалі
wadogo jikoni
тостар
kibaniko
мыйны сродак
sabuni
духоўка
stovu
маразілка
friza
вядро для смецця
pipa la taka
посудамыйная машына
mashine ya kuoshea vyombo

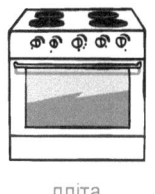

плiта

jiko la kupika

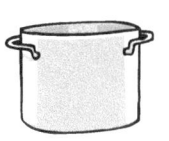

рондаль

chungu

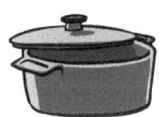

чыгунок

sufuria ya chuma

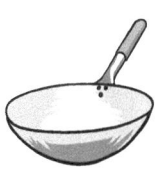

Вок / кадаi

wok / kadai

патэльня

kaango

чайнiк

birika

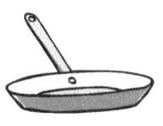

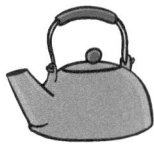

параварка

stima

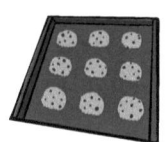

бляха

sinia ya kuoka

посуд

vyombo vya udongo

кубак

kombe

міска

bakuli

палачкі для ежы

vijiti vya kulia

чарпак

ukawa

лапатачка

mwiko mpana

збівалка

burashi

сіта для варэння

kichujio

сіта

chujio

тарка

mbuzi

ступка

chokaa

грыль

barbeque

вогнішча

moto wazi

дошка

ubao wa majaribio

качалка

kijiti cha kusukuma unga

штопар

kizibuo

бляшанка

kopo

адкрывалка

inaweza kopo

прыхваткі

kishikio cha chungu

ракавіна

karo

шчотка

brashi

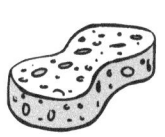

губка

sifongo

міксер

kisagaji matunda

маразільная камера

friji ya kina

бутэлечка

chupa ya mtoto

вадаправодны кран

bomba

ванная

bafu

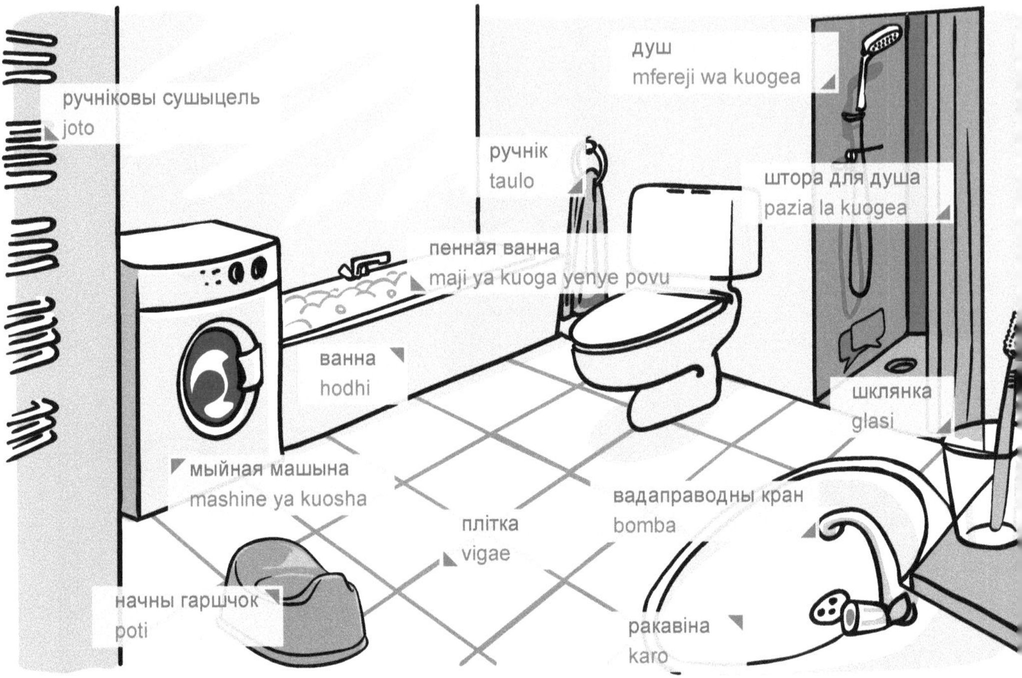

ручніковы сушыцель
joto
душ
mfereji wa kuogea
ручнік
taulo
штора для душа
pazia la kuogea
пенная ванна
maji ya kuoga yenye povu
ванна
hodhi
шклянка
glasi
мыйная машына
mashine ya kuosha
вадаправодны кран
bomba
плітка
vigae
начны гаршчок
poti
ракавіна
karo

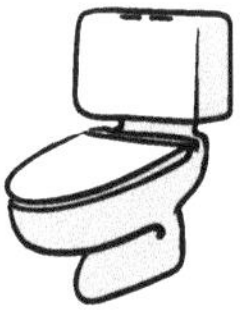

туалет

choo

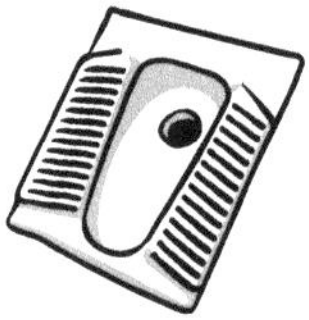

падлогавы ўнітаз

choo cha squat

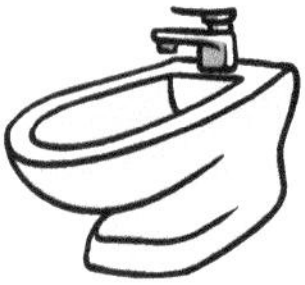

бідэ

beseni la mviringo

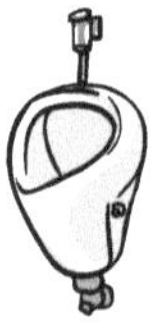

пісуар

choo cha umma

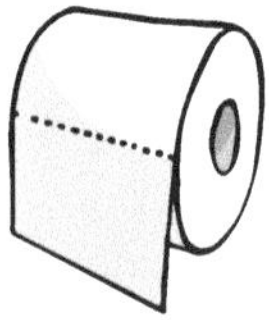

туалетная папера

shashi

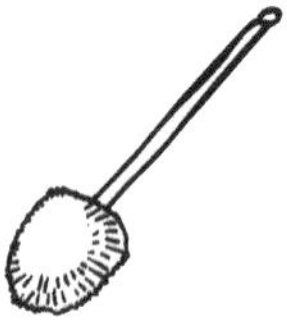

шчотка для чысткі ўнітаза

brashi ya choo

зубная шчотка

mswaki

зубная паста

dawa ya meno

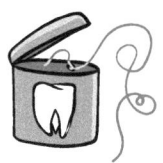

зубная нітка

dawa ya meno

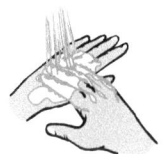

мыць

safisha

ручны душ

kuoga mkono

інтымны душ

msukumo wa maji

умывальнік

bonde

шчотка для спіны

mpako wa pili

мыла

sabuni

гель для душа

jeli ya kuogea

шампунь

shampuu

вяхотка

flana

вадасцёк

toa maji

крэм

krimu

дэзадарант

kiondoa harufu

люстэрка

kioo

касметычнае люстэрка

kioo mkono

станок для галення

kinyozi

пена для галення

povu la kunyoa

ласьён пасля галення

baada ya kunyoa

грэбень

kichana

шчотка

brashi

фен

kikausha nywele

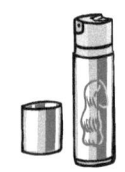

лак для валасоў

marashi ya nyewele

касметыка

vipodozi

памада

kidomwa

лак для пазногцяў

varnish ya msumari

вата

pamba

манікюрныя нажніцы

mkasi wa kucha

духі

manukato

касметычка

mkoba wa kuosha

табурэтка

kinyesi

вагі

mizani

лазневы халат

nguo ya kuoga

санітарныя пальчаткі

glavu za mpira

тампон

kisodo

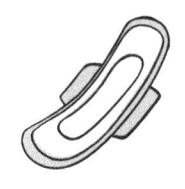

гігіенічныя пракладкі

sodo

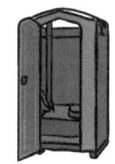

біятуалет

kemikali choo

дзіцячы пакой

chumba ya mtoto

будзільнік
saa ya kengele
мяккая цацка
kidoli cha kupakata
цацачная машынка
gari bandia
бразготка
kelele
лялечны домік
chumba cha midoli
падарунак
sasa

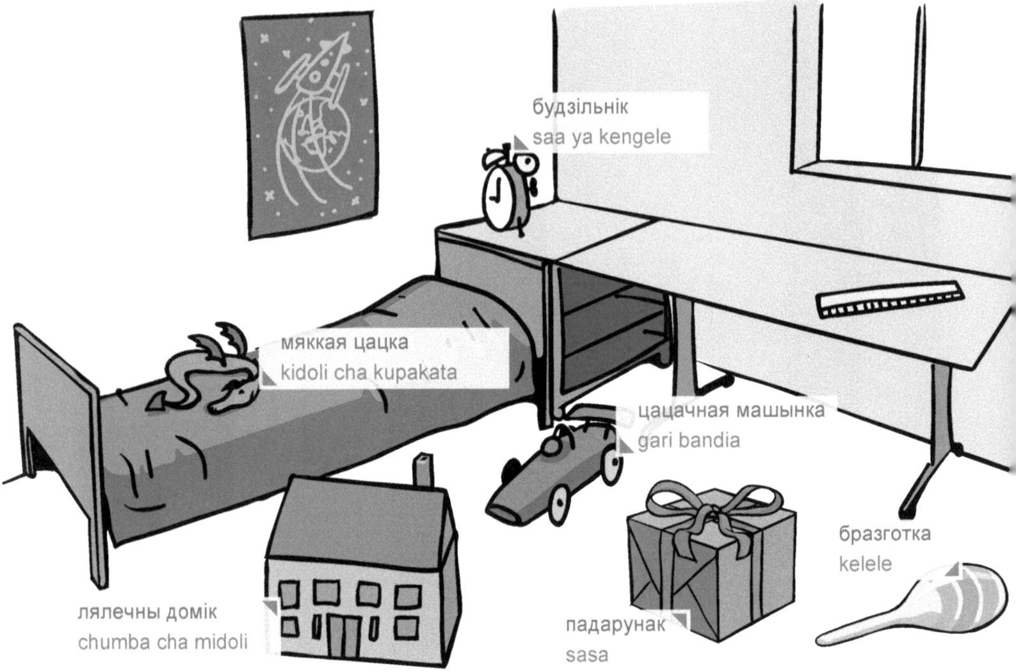

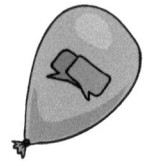

надзіманы шарык

baluni

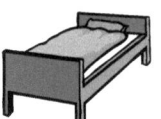

ложак

kitanda

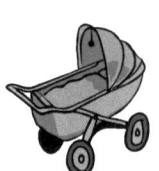

дзіцячая каляска

mashua

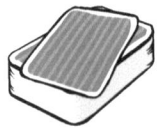

калода картаў

staha ya kadi

пазл

mchezo-fumb

SUPER
MEGA

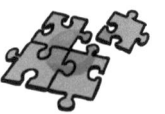

комікс

vichekesho

канструктар "Лега"

matofali lego

канструктар

vitalu mwigo

экшэн-фігурка

hatua takwimu

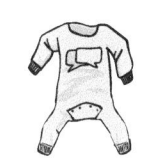

дзіцячы гарнітур

suti ya kulalia

фрызбі

kisahani

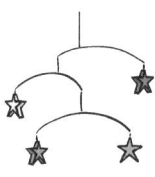

дзіцячы мабіль

simu

настольная гульня

ubao wa michezo

кубік

kete

дзіцячая чыгунка

garimoshi mwigo

пустышка

dummy

дзіцячае свята

chama

кніга з малюнкамі

picha kitabu

мячык

mpira

лялька

kikaragosi

гуляцца

kucheza

пясочніца

shimo la mchanga

арэлі

bembea

цацкі

vitu bandia

гульнявая відэа прыстаўка

kiweko cha video ya mchezo

трохколавы ровар

baiskeli ya magurudumu

matatu

плюшавы мішка

mwanasesere

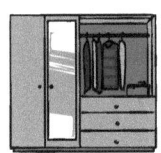

шафа

kabati

адзенне

nguo

шкарпэткі

soksi

панчохі

stokingi

калготкі

kibano

шалік
skafu

парасон
mwavuli

рамень
ukanda

цішотка
fulana

красоўкі
wakufunzi

боты
viatu

пантоплі
ndara

сандалі
malapa

абутак
viatu

гумовыя боты
mabuti ya mpira

трусы
suruali ya ndani

бюстгальтар
sidiria

майка
fulana

бодзі

mwili

штаны

suruali

джынсы

dangirizi

спадніца

sketi

блузка

blauzi

кашуля

shati

джэмпер

vuta

талстоўка

sweta

блэйзер

bleza

куртка

jaketi

паліто

koti

дажджавік

koti la mvua

касцюм

maleba

сукенка

gauni

вясельная сукенка

mavazi ya harusi

касцюм

suti

начная сарочка

vazi la usiku

піжама

pajama

сары

sari

хустка

skafu

цюрбан

kilemba

паранджа

burka

каптан

kaftan

Абая

abaya

купальнік

vazi la kuogelea

плаўкі

vazi la kiume la kuogelea

шорты

kaptura

спартыўны касцюм

teitei

фартух

aproni

пальчаткі

glavu

гузік

kifungo

акуляры

glasi

бранзалет

bangili

каралі

mkufu

кальцо

pete

завушніца

herini

кепка

kofia

вешалка

kiango cha koti

капялюш

kofia

гальштук

tai

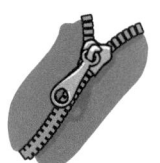

маланка

zipu

шлем

kofia

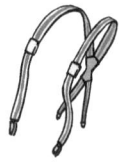

падцяжкі

kanda za suruali

школьная форма

sare za shule

уніформа

sare

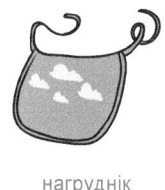

нагруднік

bibu

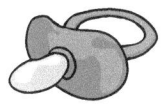

пустышка

dummy

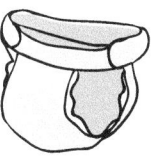

падгузнік

nepi

офіс

ofisi

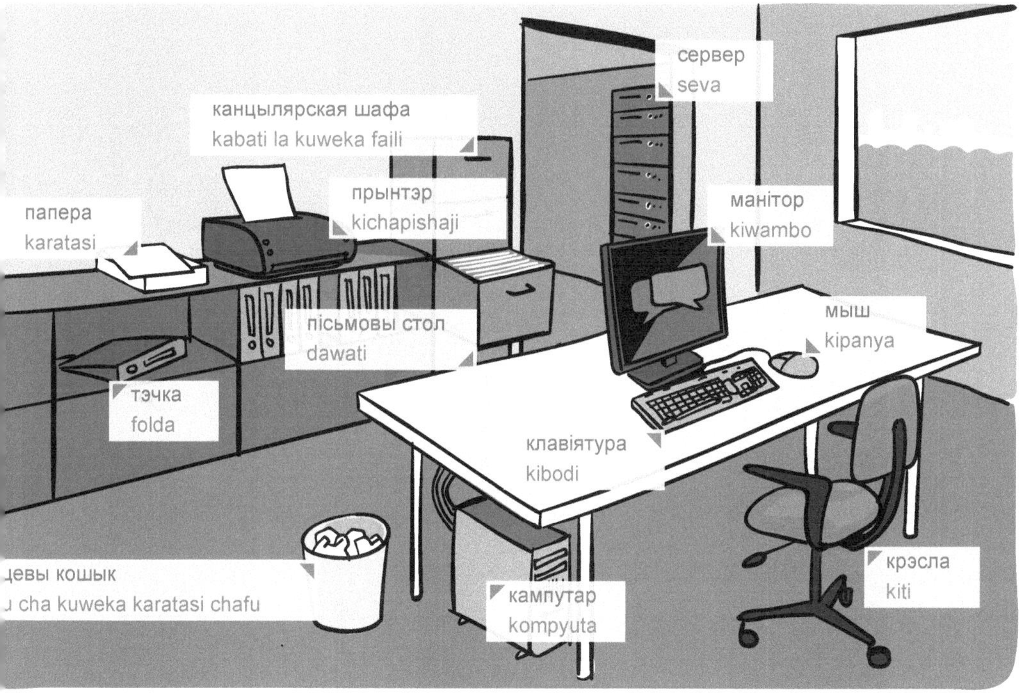

сервер
seva
канцылярская шафа
kabati la kuweka faili
прынтэр
kichapishaji
папера
karatasi
манітор
kiwambo
пісьмовы стол
dawati
мыш
kipanya
тэчка
folda
клавіятура
kibodi
цевы кошык
cha kuweka karatasi chafu
кампутар
kompyuta
крэсла
kiti

убак для кавы (філіжанка)

kmobe la kahawa

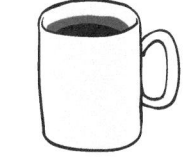

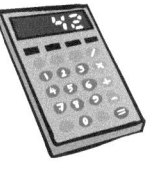

калькулятар

kikokotoo

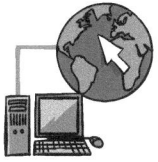

інтэрнэт

biashara

ноўтбук

mbali

ліст

barua

паведамленне

ujumbe

мабільны тэлефон

rununu

сетка

intaneti

ксеракс

fotokopia

праграмнае забеспячэнне

programu

тэлефон

simu

разетка

soketi

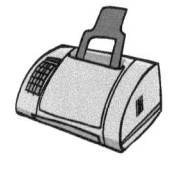

факс

kipepesi

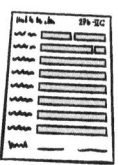

фармуляр

fomu

дакумент

hati

купляць
....
kununua

плаціць
....
kulipa

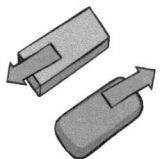

гандляваць
....
biashara

грошы
....
fedha

 **USD**

долар
....
dola

 **EUR**

еўра
....
yuro

 **JPY**

ена
....
yeni

 **RUB**

рубель
....
rouble

 **CHF**

франк
....
faranga ya Uswisi

 **CNY**

кітайскі юань
....
renminbi yuan

 **INR**

рупія
....
rupia

банкамат
....
eneo la kulipia

абменны пункт

ofisi ya ubadilishanaji

золата

dhahabu

срэбра

fedha

нафта

mafuta

энергія

nishati

цана

bei

кантракт

mkataba

падатак

kodi

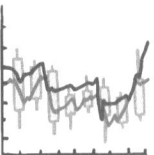

акцыя

bidhaa

працаваць

kazi

служачы

mfanyakazi

працадаўца

mwajiri

фабрыка

kiwanda

крама

duka

прафесіі
kazi

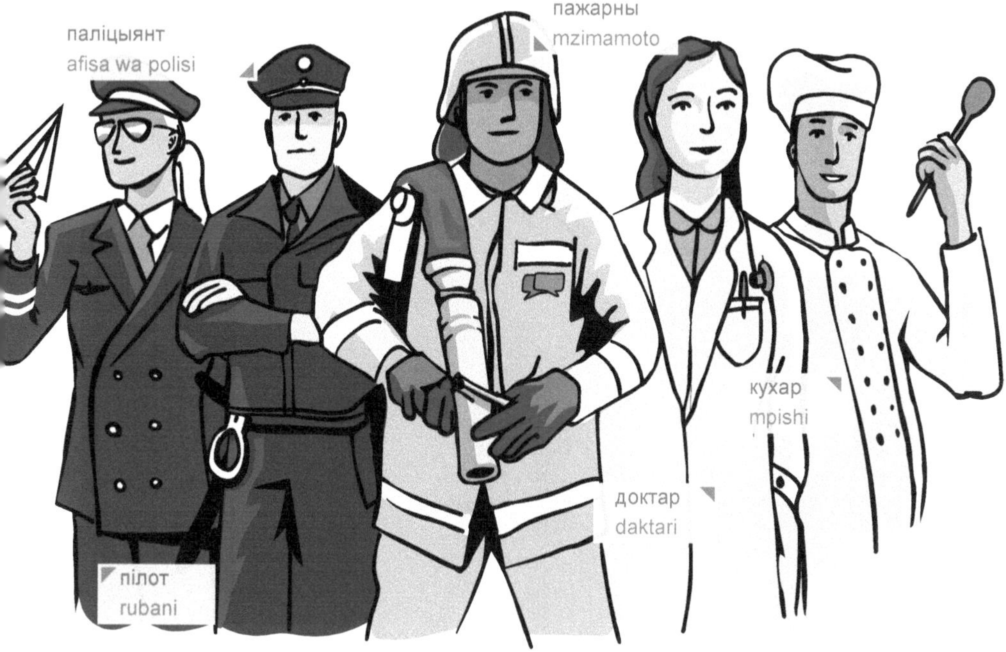

паліцыянт
afisa wa polisi
пажарны
mzimamoto
кухар
mpishi
доктар
daktari
пілот
rubani

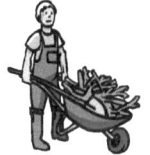

садоўнік

mtunza bustani

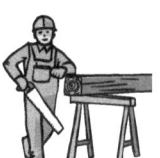

слесар

seremala

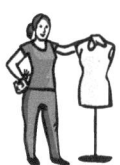

швачка

mshonaji

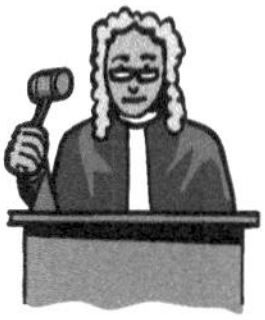

суддзя

hakimu

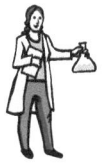

хімік

mwanakemia

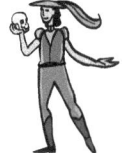

артыст

muigizaji

кіроўца аўтобуса

dereva wa basi

таксіст

dereva wa teksi

рыбак

mvuvi

прыбіральшчыца

mwanamke wa kusafisha

страхар

mwezekaji

афіцыянт

mhudumu

паляўнічы

mwindaji

мастак

mchoraji

пекар

mwokaji

электрык

umeme

будаўнік

mjenzi

інжынер

mhandisi

мяснік

mchinjaji

сантэхнік

fundi bomba

паштальён

mwanaposta

прафесіі - kazi

салдат

mwanajeshi

архітэктар

msanifu majengo

касір

keshia

фларыст

muuza maua

цырульнік

msusi

кандуктар

kondakta

механік

mekanika

капітан

nahodha

стаматолаг

daktari wa meno

вучоны

mwanasayansi

рабін

rabbi

імам

imamu

манах

mtawa

святар

kasisi

інструменты

zana

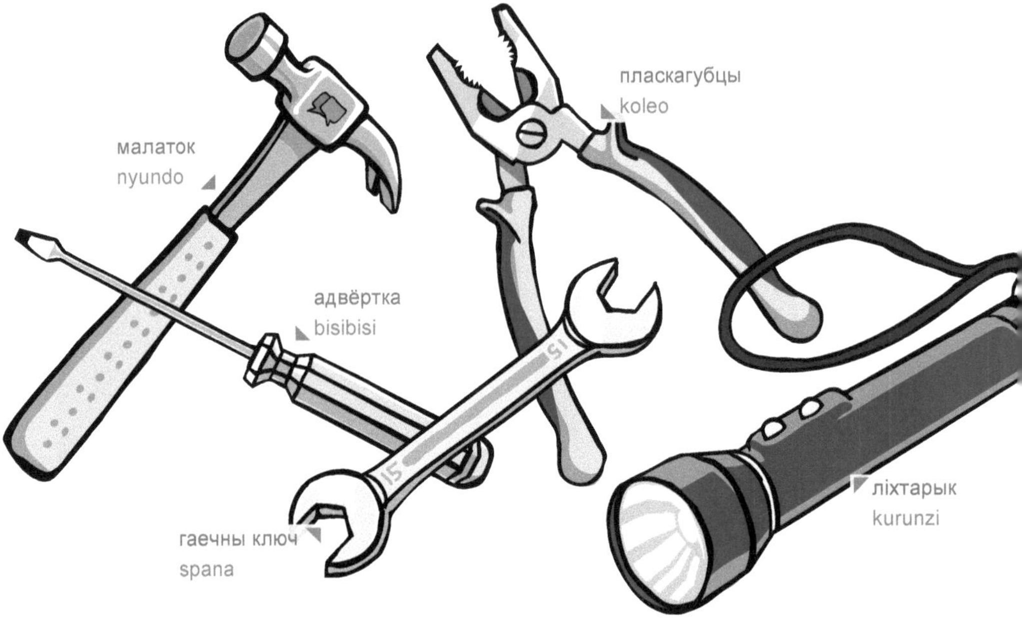
малаток
nyundo
пласкагубцы
koleo
адвёртка
bisibisi
гаечны ключ
spana
ліхтарык
kurunzi

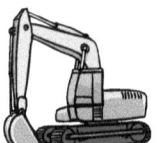

экскаватар

mchimbaji

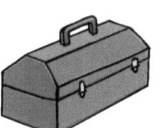

скрыня для інструментаў

sanduku la vifaa

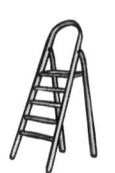

дравіны

ngazi

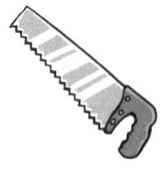

піла

msumeno

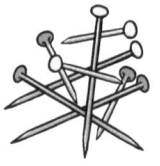

цвікі

misumari

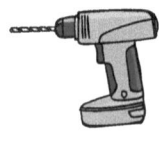

дрыль

kuchimba visima

рамантаваць

kukarabati

рыдлеўка

sepetu

Халера!

Lo!

шуфлік для смецця

kishikio cha uchafu

вядро з фарбаю

chungu cha rangi

балты

skurubu

музычныя інструменты
ala za muziki

ударны інструмент
mpangilio wa ngoma

калонкі
spika

гітара
gita

кантрабас
besi mara mbili

труба
tarumbeta

піяніна

piano

скрыпка

fidla

басгітара

ubeji

літаўры

timpani

барабан

ngoma

клавішны электрамузычны
інструмент

kibodi

саксафон

saksafoni

флейта

filimbi

мікрафон

maikrofoni

заапарк
bustani ya wanyama

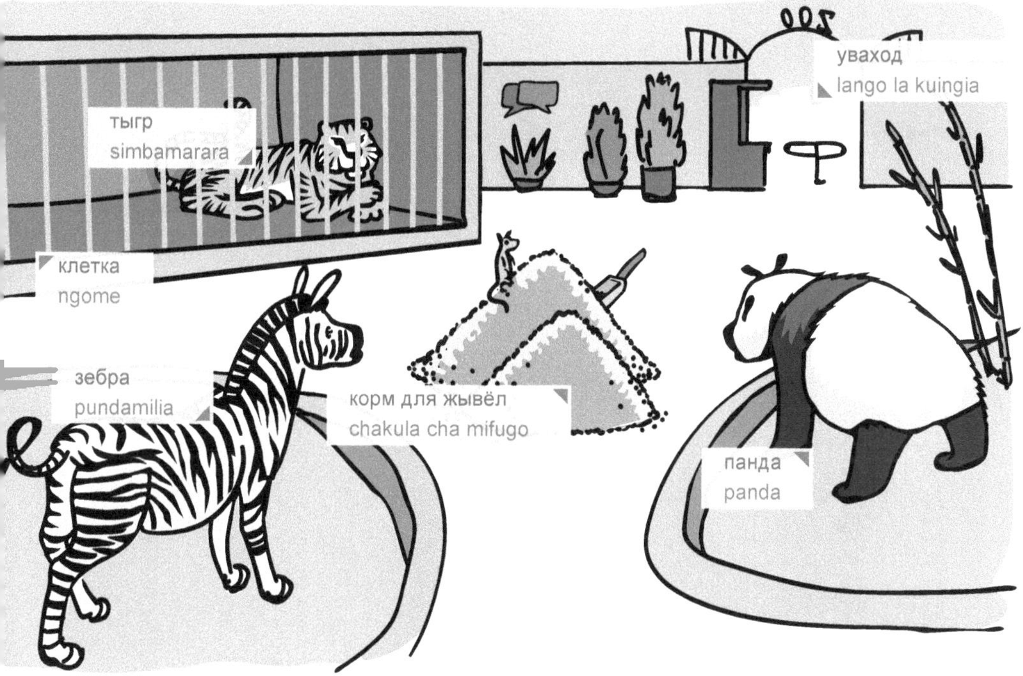

тыгр
simbamarara
уваход
lango la kuingia
клетка
ngome
зебра
pundamilia
корм для жывёл
chakula cha mifugo
панда
panda

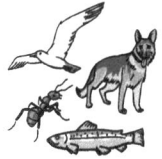

жывёлы

wanyama

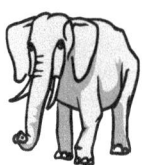

слон

tembo

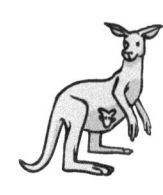

кенгуру

kangaruu

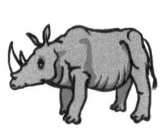

насарог

kifaru

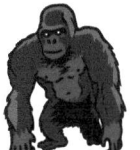

гарыла

sokwe

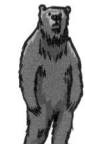

мядзведзь

dubu

вярблюд

ngamia

стравус

mbuni

леў

simba

малпа

tumbili

фламінга

heroe

папугай

kasuku

белы мядзведзь

dubu

пінгвін

penguini

акула

papa

паўлін

tausi

змяя

nyoka

кракадзіл

mamba

наглядчык заапарка

mtunza wanyama

цюлень

muhuri

ягуар

jaguar

поні

mwanafarasi

леапард

chui

бегемот

kiboko

жыраф

twiga

арол

tai

дзік

nguruwe mwitu

рыбак

samaki

чарапаха

kobe

морж

sili

ліса

mbweha

газель

paa

амерыканскі футбол
soka ya marekani

веласпорт
uendeshaji baiskeli

тэніс
tenisi

баскетбол
mpira wa kikapu

плаванне
kuogelea

хакей з шайбай
magongo ya barafuni

бокс
ndondi

футбол
soka

бадмінтон
vinyoya

лёгкая атлетыка
riadha

гандбол
mpira wa mikono

горныя лыжы
skii

пола
polo

дзейнасць
shughuli

смяяцца
cheka
скакаць
kuruka
абдымаць
kumbatia
ісці
kutembea
спяваць
kuimba
марыць
ota ndoto
маліцца
kuomba
цалаваць
busu

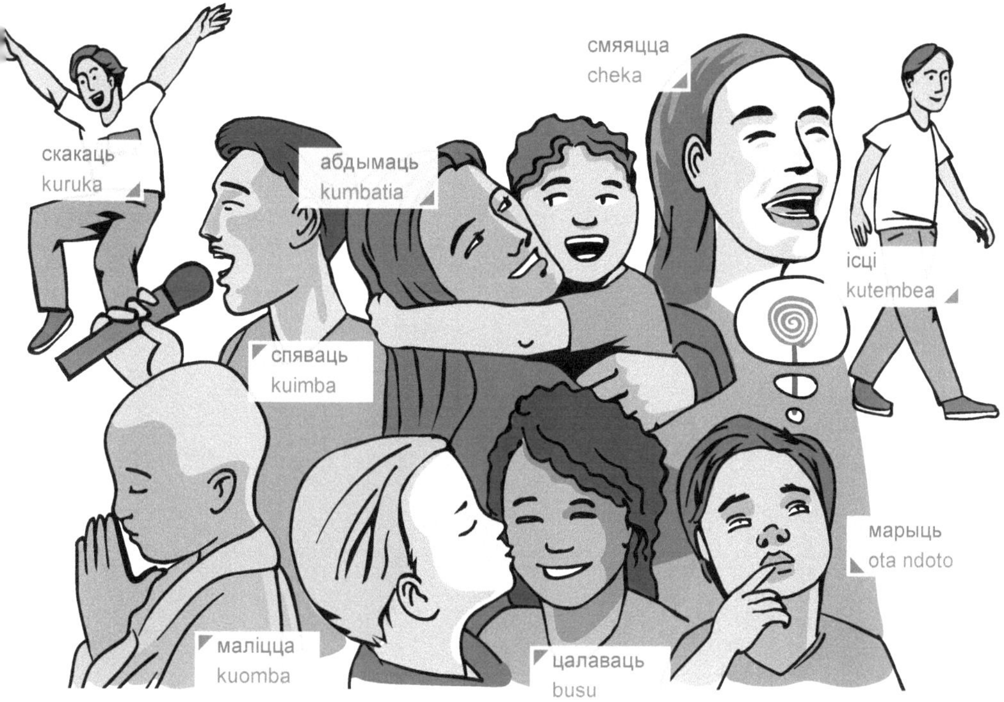

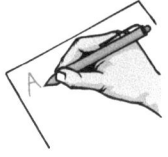

пісаць

kuandika

маляваць

kuteka

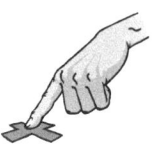

паказваць

angalia

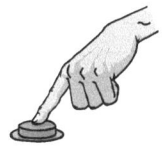

націснуць

sukuma

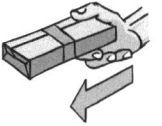

даваць

kutoa

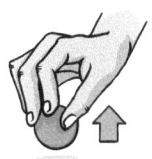

браць

kuchukua

маць

kuwa

выконваць

fanya

быць

kuwa

стаяць

kusimama

бегчы

kukimbia

цягнуць

vuta

кідаць

kutupa

падаць

kuanguka

ляжаць

hadaa

чакаць

kusubiri

насіць

kubeba

сядзець

kukaa

апранацца

vaa nguo

спаць

usingizi

прачынацца

kuamka

глядзець

kuangalia

плакаць

lia

лашчыць

kiharusi

прычэсвацца

chana nywele

гаварыць

ongea

разумець

kuelewa

пытаць

kuuliza

чуць

kusikiliza

піць

kunywa

есці

kula

прыбіраць

nadhifisha

кахаць

upendo

гатаваць

mpishi

ехаць

gari

лятаць

kuruka

плаваць пад ветразем

meli

лічыць

kokotoa

чытаць

kusoma

вучыць

kujifunza

працаваць

kazi

уступаць у шлюб

kuoa

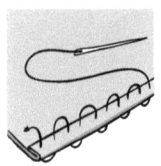

шыць

kushona

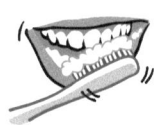

чысціць зубы

piga mswaki

забіваць

kuua

курыць

moshi

пасылаць

kutuma

сям'я
familia

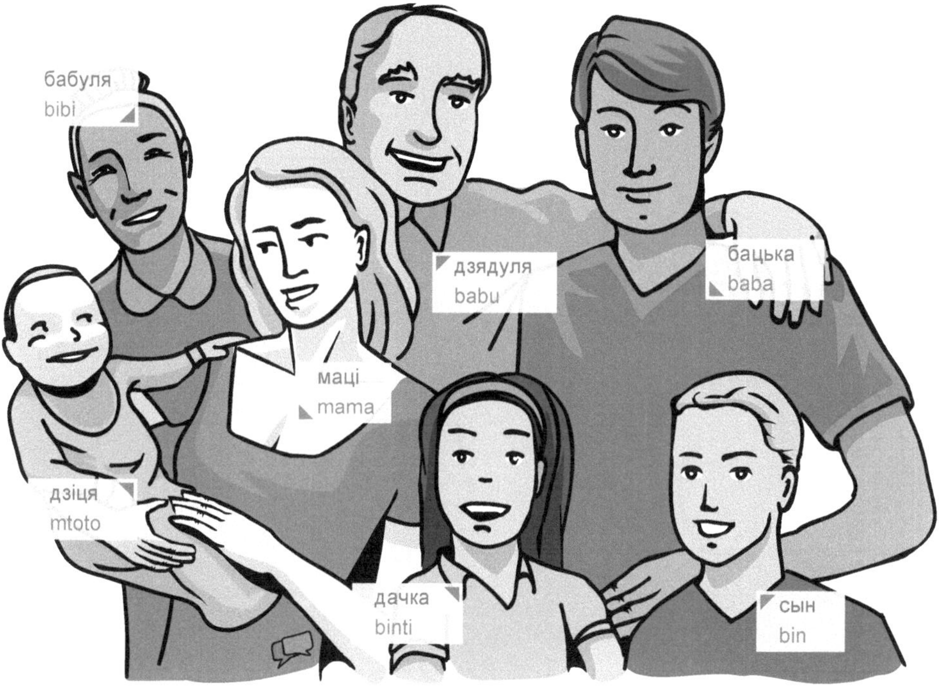
бабуля
bibi
дзядуля
babu
бацька
baba
маці
mama
дзіця
mtoto
дачка
binti
сын
bin

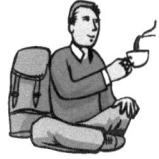

госць
mgeni

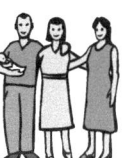

цётка
shangazi

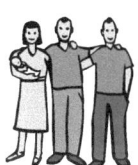

дзядзька
mjomba

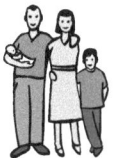

брат
kaka

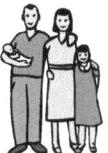

сястра
dada

цела
mwili

лоб
paji la uso
вока
jicho
плячо
bega
палец
kidole
твар
uso
падбародак
kidevu
рука
mkono
нага
mguu
грудзі
matiti
рука
mkono

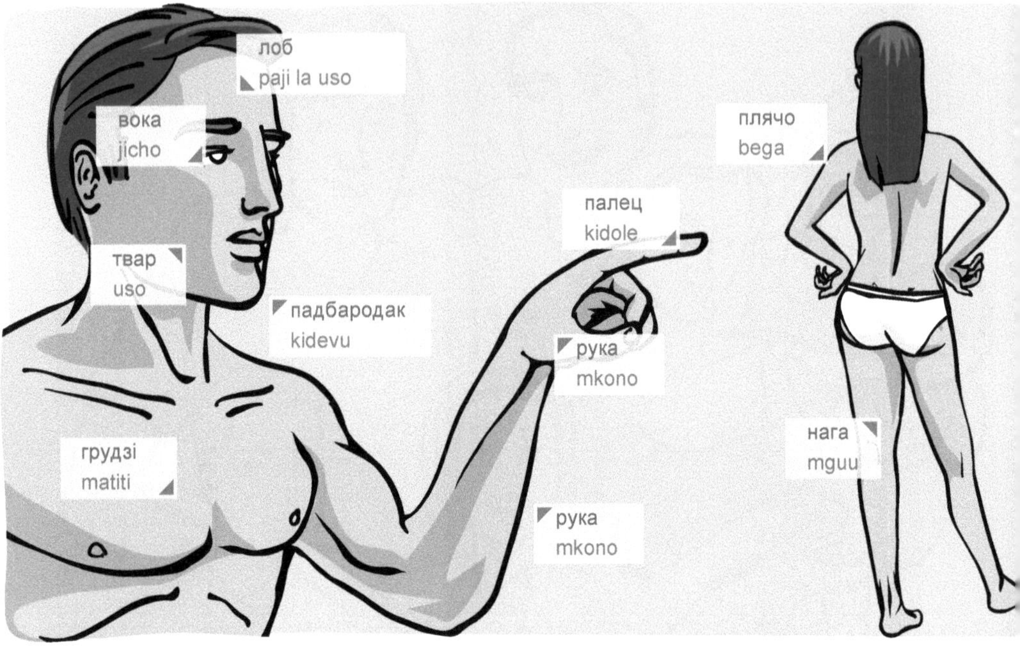

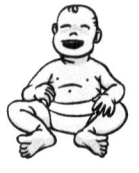

дзіця

mtoto

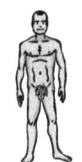

мужчына

mwanamume

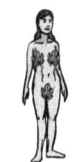

жанчына

mwanamke

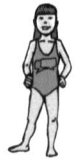

дзяўчынка

msichana

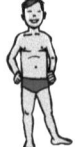

хлопчык

mvulana

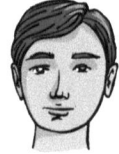

галава

kichwa

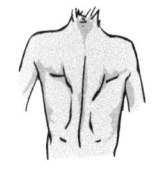

спіна

nyuma

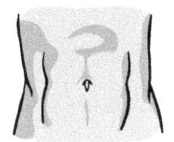

жывот

tumbo

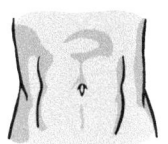

пуп

kitovu

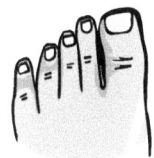

палец нагі

chano

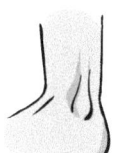

пятка

kisigino

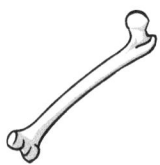

костка

mfupa

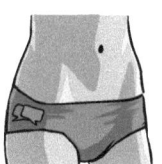

бядро

nyonga

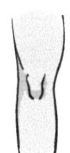

калена

goti

локаць

kiwiko

нос

pua

ягадзіца

chini

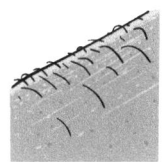

скура

ngozi

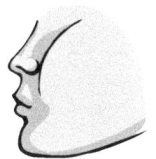

шчака

shavu

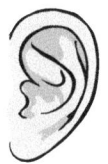

вуха

sikio

губа

mdomo

рот

kinywa

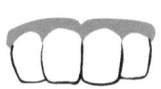

зуб

jino

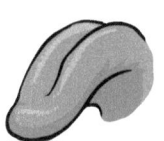

язык

ulimi

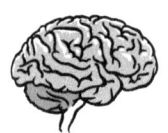

галаўны мозг

ubongo

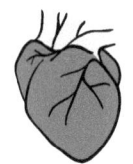

сэрца

moyo

мышца

misuli

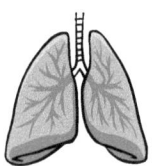

лёгкае

pafu

пячонка

ini

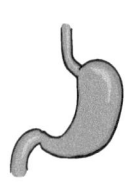

страўнік

tumbo

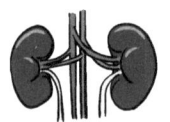

ныркі

figo

сэкс

jinsia

прэзерватыў

kondomu

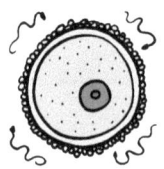

яйцаклетка

ovari

сперма

shahawa

цяжарнасць

mimba

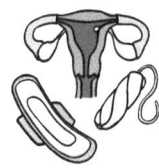

менструацыя

hedhi

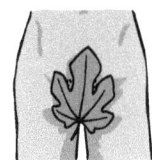

похва

uke

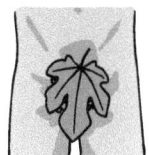

пеніс

uume

брыво

unyusi

валасы

nywele

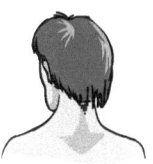

шыя

shingo

шпіталь
hospitali

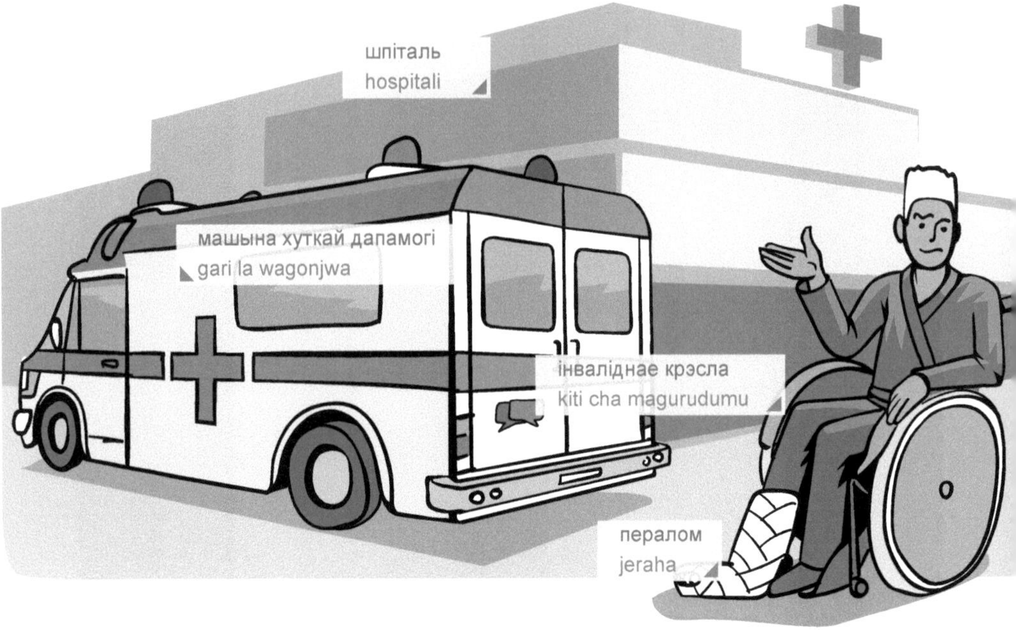

шпіталь
hospitali
машына хуткай дапамогі
gari la wagonjwa
інваліднае крэсла
kiti cha magurudumu
пералом
jeraha

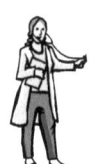

доктар

daktari

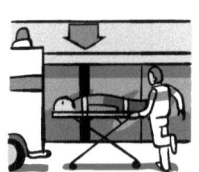

аддзяленне першай дапамогі

chumba cha dharura

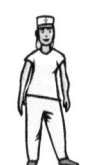

медсястра

muuguzi

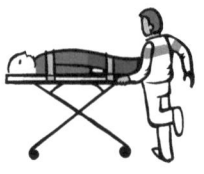

экстраная дапамога

dharura

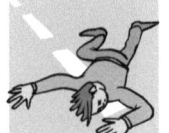

непрытомны

kupoteza fahamu

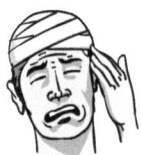

боль

maumivu

траўма

kuumia

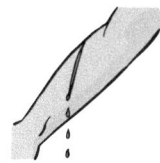

крывацёк

kutokwa na damu

інфаркт

mshtuko wa moyo

апаплексія

kiharusi

алергія

mzio

кашаль

kikohozi

гарачка

homa

грып

mafua

панос

kuharisha

галаўны боль

maumivu ya kichwa

рак

kansa

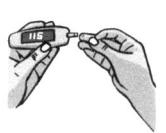

дыябет

ugonjwa wa kisukari

хірург

daktari mpasuaji

скальпель

kisu kidogo cha kupasulia

аперацыя

operesheni

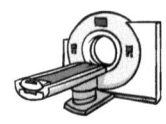

КТ

picha changanufu ya mwili

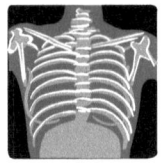

рэнтген

Eksrei

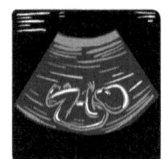

ультрагук

mawimbi sauti

маска

barakoa ya uso

хвароба

ugonjwa

пачакальня

chumba cha kusubiri

мыліца

mkongojo

пластыр

plasta

бінт

bendeji

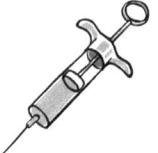

ін'екцыя

sindano

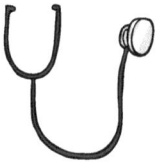

стэтаскоп

stetoskopu

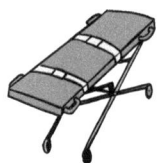

насілкі

machela

градуснік

kipimajoto cha kliniki

нараджэнне

kuzaliwa

лішняя вага

unene kupita kiasi

слухавы апарат

kusikia misaada

дэзінфекцыйны сродак

kipukusi

інфекцыя

maambukizi

вірус

virusi

ВІЧ/СНІД

VVU / UKIMWI

лекі

dawa

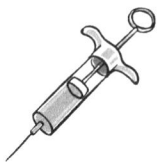

прышчэпка

chanjo

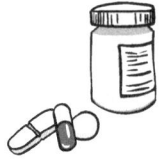

таблеткі

vidonge

супрацьзачаткавая таблетка

kidonge

экстраны выклік

simu ya dharura

танометр

haemodainamometa

хворы / здаровы

mgonjwa / mwenye afya

Ратуйце!

Msaada!

сігналізацыя

kengele

напад

pigo

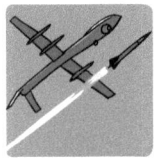

атака

shambulizi

небяспека

hatari

аварыйны выхад

lango la dharura

Пажар!

Moto!

вогнетушыцель

kizima moto

аварыя

ajali

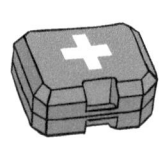

аптэчка

vifaa vya huduma ya
kwanza

СОС

wito wa msaada

паліцыя

polisi

Еўропа

Ulaya

Паўночная Амерыка

Amerika ya Kaskazini

Паўднёвая Амерыка

Amerika ya Kusini

Афрыка

Afrika

Азія

Asia

Аўстралія

Australia

Атлантычны акіян

Atlantiki

Ціхі акіян

Pasifiki

Індыйскі акіян

Bahari ya Hindi

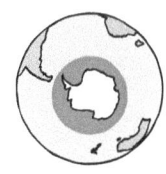

Паўднёвы ледавіты акіян

Bahari ya Antaktiki

Паўночны ледавіты акіян

Bahari ya Aktiki

Паўночны полюс

Ncha ya Kaskazini

Паўднёвы полюс

Ncha ya Kusini

Антарктыда

Antaktika

Зямля

dunia

краіна

nchi

мора

bahari

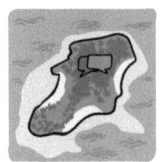

востраў

kisiwa

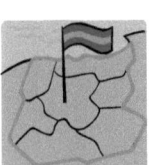

нацыя

taifa

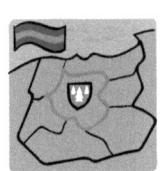

дзяржава

jimbo

цыферблат

uso wa saa

гадзінная стрэлка

akrabu ya saa

хвілінная стрэлка

akrabu ya dakika

секундная стрэлка

akrabu ya sekunde

Колькі часу?

Ni saa ngapi?

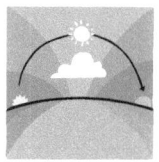

дзень

siku

час

wakati

зараз

sasa

электронны гадзіннік

saa ya dijitali

хвіліна

dakika

гадзіна

saa

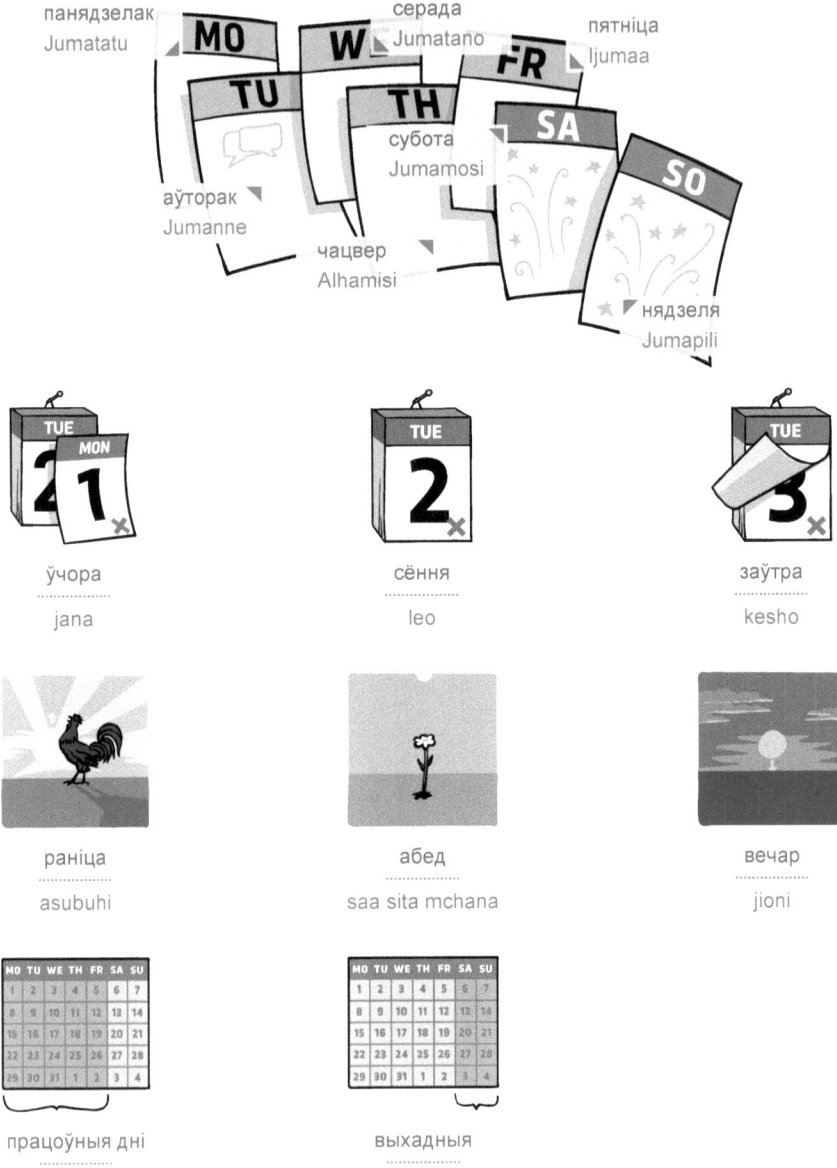

панядзелак
Jumatatu

серада
Jumatano

пятніца
Ijumaa

субота
Jumamosi

аўторак
Jumanne

чацвер
Alhamisi

нядзеля
Jumapili

ўчора
....
jana

сёння
....
leo

заўтра
....
kesho

раніца
....
asubuhi

абед
....
saa sita mchana

вечар
....
jioni

працоўныя дні
....
siku za biashara

выхадныя
....
mwishoni mwa wiki

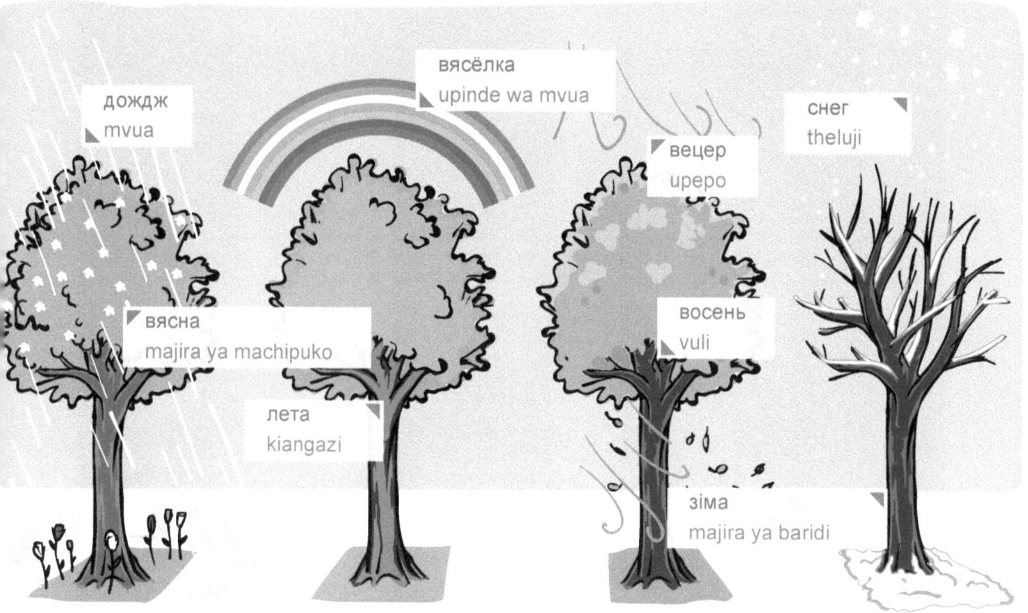

дождж
mvua

вясёлка
upinde wa mvua

вецер
upepo

снег
theluji

вясна
majira ya machipuko

восень
vuli

лета
kiangazi

зіма
majira ya baridi

прагноз надвор'я

utabiri wa hali ya hewa

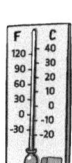

градуснік

kipimajoto

сонечнае святло

mwanga wa jua

воблака

wingu

туман

ukungu

вільготнасць паветра

unyevu

маланка

umeme

гром

radi

бура

dhoruba

град

mvua ya mawe

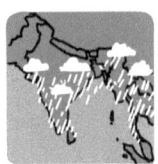

мусонны вецер

monsuni

прыліў

mafuriko

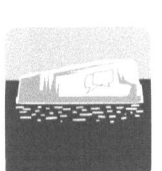

лёд

barafu

студзень

Januari

люты

Februari

сакавік

Machi

красавік

Aprili

май

Mei

чэрвень

Juni

ліпень

Julai

жнівень

Agosti

верасень
....
Septemba

кастрычнік
....
Oktoba

лістапад
....
Novemba

снежань
....
Desemba

формы
maumbo

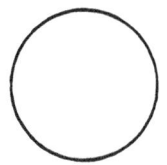

круг
....
mduara

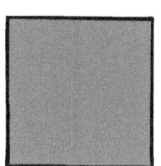

квадрат
....
mraba

прамавугольнік
....
mstatili

трохвугольнік
....
pembetatu

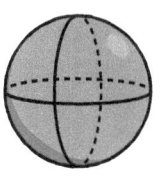

шар
....
nyanja

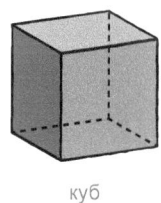

куб
....
mchemraba

белы

nyeupe

жоўты

manjano

аранжавы

chungwa

ружовы

rangi ya waridi

чырвоны

nyekundu

фіялетавы

hudhurungi

сіні

bluu

зялёны

kijani

карычневы

hanja

шэры

jivujivu

чорны

nyeusi

шмат / мала

mengi / kidogo

злы / добры

hasira / pole

прыгожы / брыдкі

nzuri / mbaya

пачатак / канец

mwanzo / mwisho

высокі / малы

kubwa / ndogo

светлы / цёмны

angavu / giza

сястра / брат

kaka / dada

чысты / брудны

safi / chafu

поўны / няпоўны

kamilika / tokamilika

дзень / ноч

siku / usiku

мёртвы / жывы

wafu / hai

шырокі / вузкі

pana / nyembamba

ядомы / неядомы

kulika / kutolika

злы / добры

ovu / ema

узбуджаны / нудны

sisimkwa / udhika

тоўсты / тонкі

nene / nyembamba

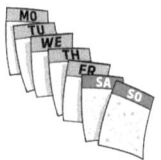

першы / апошні

kwanza / mwisho

сябар / вораг

rafiki / adui

поўны / пусты

jaa / tupu

цвёрды / мяккі

ngumu / laini

важкі / лёгкі

nzito / nyepesi

голад / смага

njaa / kiu

хворы / здаровы

mgonjwa / mwenye afya

нелегальны / легальны

haramu / kisheria

разумны / дурны

akili / kijinga

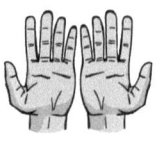

левы / правы

kushoto / kulia

побач / далёка

karibu / mbali

новы / былы ва ўжыванні

mpya / kutumika

нічога / нешта

kitu / jambo

стары / малады

zee / changa

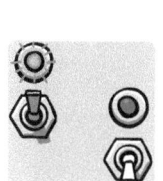

укл / выкл

waka / zima

адчынены / зачынены

wazi / fungwa

ціхі / гучны

utulivu / kelele

багаты / бедны

tajiri / masikini

правільна / няправільна

sahihi / kosa

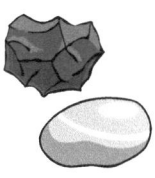

шурпаты / гладкі

mbaya / laini

сумны / шчаслівы

huzunika / furahia

кароткі / доўгі

fupi /ndefu

павольны / хуткі

polepole / haraka

вільготны / сухі

nyevu / kavu

цёплы / халаднаваты

joto / baridi

вайна / мір

vita / amani

0
нуль
sufuri

1
адзін
moja

2
два
mbili

3
тры
tatu

4
чатыры
nne

5
пяць
tano

6
шэсць
sita

7
сем
saba

8
восем
nane

9
дзевяць
tisa

10
дзесяць
kumi

11
адзінаццаць
kumi na moja

12

дванаццаць

kumi na mbili

13

трынаццаць

kumi na tatu

14

чатырнаццаць

kumi na nne

15

пятнаццаць

kumi na tano

16

шаснаццаць

kumi na sita

17

сямнаццаць

kumi na saba

18

васямнаццаць

kumi na nane

19

дзевятнаццаць

kumi na tisa

20

дваццаць

ishirini

100

сто

mia

1.000

тысяча

elfu

1.000.000

мільён

milioni

англійская

Kiingereza

англійская (Амерыка)

Kiingereza cha Marekani

кітайская мандарынская

Kimandarini cha Uchina

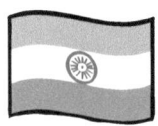

хіндзі

Kihindi

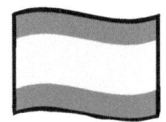

іспанская

Kihispania

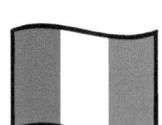

французская

Kifaransa

арабская

Kiarabu

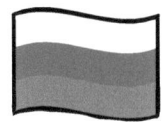

руская

Kirusi

партугальская

Kireno

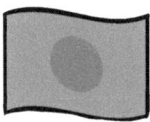

бенгальская

Kibengali

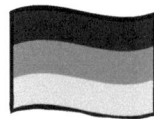

нямецкая

Kijerumani

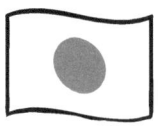

японская

Kijapani

я

mimi

ты

wewe

ён / яна / яно

yeye / yeye / ni

мы

sisi

вы

wewe

яны

wao

хто?

nani?

што?

nini?

як?

jinsi gani?

дзе?

wapi?

калі?

lini?

імя

jina

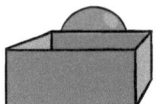

за

nyuma

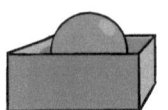

у

katika

перад

mbele ya

над

juu ya

на

kwenye

пад

chini ya

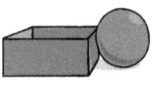

каля

kando

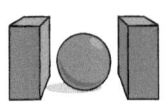

паміж

kati

месца

mahali